AF731486

Zur Vorbereitung des Strafgesetzentwurfs.

Von

Dr. Franz v. Liszt,
Geh. Justizrath, Professor an der Universität Berlin.

Ueber die Aufgabe, die, der bevorstehenden Umgestaltung unserer Strafgesetzgebung gegenüber, den Berathungen des Deutschen Juristentages gestellt ist, wird sich, nach den bisher in die Oeffentlichkeit gedrungenen Aeußerungen, eine Verständigung unschwer erzielen lassen. Mit dieser durch die körperschaftliche Thätigkeit des Juristentages zu leistenden Vorarbeit ist aber die breite und sichere Grundlage noch lange nicht geschaffen, auf der allein der Neubau unseres Strafgesetzbuchs mit Aussicht auf dauernden Bestand aufgeführt werden kann. Weitere Vorarbeiten von wesentlich anderer Art werden hinzutreten müssen; mit der amtlichen Arbeit unserer leitenden Stellen wird die freie Forschung der deutschen Wissenschaft Hand in Hand zu gehen haben. Wenn wir den Feind nicht kennen, den wir mit unserer Strafgesetzgebung bekämpfen wollen; und wenn uns die Technik der Waffen nicht geläufig ist, mit denen wir diesen Kampf zu führen unternehmen — dann haben wir kein Recht, auf den Sieg zu hoffen.

Auf zwei Reihen von Untersuchungen möchte ich daher in diesen Tagen, in denen die Juristen des ganzen deutschen Reichs in Berlin zum ersten Mal die Umgestaltung des deutschen Reichsstrafgesetzbuchs erfolgessicher und arbeitsbereit in ernste Berathung nehmen, die Aufmerksamkeit der betheiligten Kreise lenken. Die eine von ihnen fällt in das

Gebiet der Kriminalstatistik, die andere in das der Rechtsvergleichung. Beide müssen unverzüglich in Angriff genommen werden, wenn die Aufstellung des neuen Entwurfs nicht, sei es schon in ihrem Beginn, sei es in ihrer Fortführung, mehr als nöthig verzögert werden soll.

I. Die kriminalstatistische Grundlage des Entwurfs.

1. Wie der Einzelne auch zu den Fragen nach Rechtsgrund und Zweck der Strafe sich stellen mag — in dem einen Satze begegnen sich doch alle Meinungen: daß die Strafe eine der Waffen sein soll, die dem Staate in seinem Kampf gegen das Verbrechen zur Verfügung gestellt werden. Und daraus folgt mit logischer Nothwendigkeit, daß der Gesetzgeber, der mit der Strafe das Uebel der Kriminalität an seiner Wurzel treffen will, die Kriminalität nicht nur in ihrer äußeren Erscheinung, sondern auch in ihren tiefer zurückliegenden, inneren Ursachen kennen muß. Ohne eine wissenschaftlich begründete Aetiologie des Verbrechens ist eine erfolgreiche Kriminalpolitik nicht möglich.

Von dieser wissenschaftlichen Erkenntniß der Faktoren, die auf die Gestaltung und Entwicklung der Kriminalität entscheidenden Einfluß üben, sind wir aber heute noch ebensoweit entfernt wie etwa im Jahre 1870.

Es ist unerläßlich, sich diese Thatsache stets vor Augen zu halten; denn aus ihr ergiebt sich nicht nur die Einsicht, daß für die Umgestaltung der Strafgesetzgebung auch heute noch die feste Grundlage fehlt; sondern zugleich auch die Forderung, diese Grundlage zu beschaffen.

II. Die Kriminalstatistik hat eine zweifache Aufgabe: sie soll die Kriminalität nicht nur beschreiben, sondern auch sie erklären.

Als beschreibende Wissenschaft hat sie die Kriminalität unserer Tage zahlenmäßig darzustellen. Vollständigkeit und Zuverlässigkeit des in den statistischen Tabellen niedergelegten Beobachtungsstoffes, reiche Gliederung und anschauliche Darstellung des Urmaterials: das ist das anzustrebende Ziel. Unsere Reichskriminalstatistik hat dieses Ziel stets vor Augen gehabt; und sie ist ihm näher gekommen als irgend eine amtliche Statistik eines andern Staates. Daß auch sie es nicht völlig zu erreichen vermochte, liegt in der Natur der Dinge.

Als erklärende Wissenschaft aber soll die Kriminalstatistik die von ihr beobachteten und dargestellten Erscheinungen auf ihre zureichende Ursache zurückführen; sie soll das Problem der Kriminalität kausal stellen und lösen, die Aetiologie des Verbrechens liefern.

Und hier scheint mir auch die Grenzlinie zu Tage zu treten, die zwischen der amtlichen und der wissenschaftlichen Thätigkeit auf kriminalstatistischem Gebiet grundsätzlich gezogen werden muß. Die systematische Massenbeobachtung selbst, also die Sammlung und Darstellung des Urmaterials, sowie die Herausgabe des Tabellenwerks und seine Erläuterung geht über die Kräfte des Einzelnen hinaus; hier muß der staatliche Verwaltungsapparat eingreifen. Die kausale Betrachtung aber, die Verarbeitung und Verwertung des durch die Massenbeobachtung gewonnenen Materials ist Sache des einzelnen Forschers; hier hat die freie, rein wissenschaftliche Thätigkeit einzusetzen.

Diese Grenzlinie kann aber nicht immer und darf nicht immer streng festgehalten werden. Privat-Enquêten haben auf volkswirthschaftlichem Gebiet werthvolles statistisches Material zusammengetragen; sie würden auch die amtliche Kriminalstatistik nach den verschiedensten Richtungen hin wesentlich zu ergänzen vermögen. Und umgekehrt finden sich fast in jedem Bande unserer Reichskriminalstatistik Untersuchungen über den Zusammenhang der Kriminalität mit anderen Verhältnissen und Bethätigungen unseres gesellschaftlichen Lebens, werthvolle Ansätze also zur kausalen Erklärung.

Ein solches Zusammenwirken von amtlicher Thätigkeit und freier Forschung wird auch gar nicht entbehrt werden können, soll das Problem ausreichende Erörterung und vollständige Lösung finden. Denn auch die umfassendste und eindringendste Statistik bedarf der Ergänzung durch systematische Einzelbeobachtung. Kausale Zusammenhänge vermag nur die Beobachtung des Einzelfalls einwandfrei nachzuweisen; und diese geht über die Aufgabe und über die Kräfte der statistischen Aemter hinaus.

An einem solchen Zusammenwirken aber fehlt es; und das ist der Grund, weshalb wir bis zum heutigen Tage eine wissenschaftliche Aetiologie der Kriminalität nicht haben und daher mit unserer Kriminalpolitik im Dunkeln tappen.

III. Nicht die an der Reichskriminalstatistik betheiligten Reichsämter sind es, die an dieser Thatsache die Schuld tragen. Unermüdlich haben sowohl das Reichsjustizamt wie das kaiserliche Statistische Amt es unternommen, auf die Fragen der Kriminalpolitik Auskunft zu suchen und die Wissenschaft zu neuen Untersuchungen anzuregen. Von besonderem Interesse ist gerade in dieser Beziehung der jüngst erschienene Erläuterungsband zu dem Tabellenwerke des Jahres 1899 (Statistik des Deutschen Reichs, Neue Folge, Bd. 132).

Nachdem die Kriminalität der Jugendlichen, insbesondere auch in der Altersstufe von zwölf bis vierzehn Jahren, bereits wiederholt in früheren Jahrgängen eingehend erörtert worden ist, bildet hier das zweite von den großen kriminalpolitischen Problemen der Gegenwart, das gewerbsmäßige Verbrechen, den Gegenstand sorgfältigster Untersuchung. Freunde wie Gegner der Reformbewegung werden die Ausführungen des Verfassers mit lebhaftem Dank begrüßen; denn die Entscheidung der Frage, ob besondere Maßregeln gegen das gewerbsmäßige Verbrechen nothwendig sind und in welcher Richtung diese sich zu bewegen haben, kann doch erst dann mit Sicherheit beantwortet werden, wenn wir von dem Dasein, von der Gestaltung und Ausdehnung des gewerbsmäßigen Verbrechens sichere Kenntniß haben.

Diese Untersuchungen bieten zugleich aber auch methodologisch besonderes Interesse. Sie zeigen uns deutlich, daß unsere heutige amtliche Kriminalstatistik ihre Betrachtungen nicht über eine gewisse Grenze hinaus ausdehnen darf, will sie nicht Gefahr laufen, zu unzureichend begründeten oder geradezu unrichtigen Ergebnissen zu gelangen. Es sei mir gestattet, das näher darzulegen.

Das negative Ergebniß, zu dem die Untersuchungen des Reichsjustizamts über das gewerbsmäßige Verbrechen gelangen, hat wohl nicht blos mich verblüfft. Ich hebe dieses Ergebniß noch einmal hervor. Schon die Betrachtung der Vorbestraften legt den Schluß nahe (so lesen wir I 32), „daß das eigentliche gewerbsmäßige Verbrechen an dem Wachsthum der Verurtheilungen Vorbestrafter nicht erheblich betheiligt sein kann. Vielmehr wird das Wachsthum und damit die Steigerung der Kriminalität überhaupt vor Allem darauf zurückzuführen sein, daß die Rohheitsdelikte und namentlich die von vorbestraften Personen begangenen Körperverletzungen sich mehren." Auch wenn wir die Deliktsarten ins Auge fassen, bei denen die gewerbsmäßige Begehung zum Thatbestand gehört oder doch einen Strafschärfungsgrund bildet, zeigt sich (I 34), „daß das eigentliche gewerbsmäßige Verbrechen innerhalb der Gesammtkriminalität nicht sehr ins Gewicht fällt und auch auf die Steigerung dieser Kriminalität erheblichen Einfluß nicht ausgeübt hat". Dieses negative Ergebniß soll endlich bestätigt werden durch die Untersuchung derjenigen Arten von strafbaren Handlungen, bei denen der Rückfall nach besonderer gesetzlicher Vorschrift einen Strafschärfungsgrund bildet. Beim Raub spielt die Gewerbsmäßigkeit (die bei wiederholtem Rückfall angenommen wird) kaum irgend eine Rolle; bei Diebstahl und Hehlerei fällt die Zunahme der Verurtheilungen wegen gewerbsmäßiger Begehung nicht ins Gewicht; und selbst beim Betrug, bei dem die Verurtheilungen nach mehr als drei Vorbestrafungen von 1882 bis 1896 auf das Vier- bis Fünffache angewachsen sind, ist diese Zunahme im Verhältniß zur Steigerung der allgemeinen Kriminalität nicht erheblich.

Mir scheint diese ganze Beweisführung verfehlt. Den Zählkarten der Reichskriminalstatistik ist hier eine Aufgabe zugemuthet, die sie gar nicht erfüllen können.

Die spezifische Rückfallsschärfung bei Diebstahl, Raub, Hehlerei und Betrug kann zur Beweisführung überhaupt nicht herangezogen werden. Denn einmal bleiben dabei die ausländischen Vorstrafen außer Betracht, ein Punkt, auf den die „Erläuterungen" selbst aufmerksam machen. Dann aber ist die Auswahl der die Schärfung bedingenden Vorverurteilungen so willkürlich, so unpraktisch, daß in den ausgesprochensten Fällen gewerbsmäßiger Kriminalität die Rückfallsschärfung dennoch ausgeschlossen sein kann und thatsächlich meist auch ausgeschlossen ist.

Aber auch mit den Deliktsarten, bei denen die Gewerbsmäßigkeit selbst Thatbestandsmerkmal oder Strafschärfungsgrund ist, läßt sich nichts anfangen. Die Auswahl dieser Fälle durch den Gesetzgeber entbehrt des einheitlichen Grundgedankens; die meisten der einschlagenden Deliktsarten (man denke an den Wucher) entziehen sich überhaupt in der übergroßen Mehrzahl der Fälle der gerichtlichen Feststellung; und die ganze große Masse der gesellschaftlichen Parasiten, die Bettler und Landstreicher, die Müßiggänger und Trunkenbolde, die Dirnen und Zuhälter — sie sind ja überhaupt in dem berücksichtigten Material gar nicht enthalten. Wie will man auf eine solche Grundlage irgend welche Folgerungen stützen?! Der schwerste Fehler der „Erläuterungen" aber liegt in der Gegenüberstellung der Vermögensdelikte und der Roheitsverbrechen. Woher weiß man denn, daß die mehrfach vorbestraften Messerhelden dem gewerbsmäßigen Verbrecherthum nicht angehören? Die Zählkarte enthält ja doch nur die letzte Strafthat; von den früheren meldet sie nichts weiter als die Thatsache der Verurtheilung. Und dennoch soll aus der Zunahme der Vorstrafen bei Roheitsverbrechen gefolgert werden, daß das gewerbsmäßige Verbrechen nicht zugenommen habe?!

Der Nachweis also, daß das gewerbsmäßige Verbrechen innerhalb der deutschen Kriminalität nicht erheblich ins Gewicht falle, ist nicht erbracht. Das schließt ja nicht aus, daß die behauptete Thatsache dennoch richtig sein kann. Aber um das festzustellen, bedarf es anderer Erkenntnißquellen, als sie heute dem Reichsjustizamte zur Verfügung stehen.

Gerade hier aber kann und soll die systematische Einzeluntersuchung ergänzend eingreifen. Und zwar ist es in erster Linie die Gefängnißverwaltung (mit Einschluß der Verwaltung der Arbeitshäuser und der Zwangserziehungsanstalten), die dazu berufen wäre, das zu ihrer Verfügung stehende reiche Material zu verwerthen. Die vom dem preußischen Ministerium des Innern seit einer Reihe von Jahren angestellten Erhebungen können in dieser Beziehung als mustergiltig angesehen werden. Für das Reichsjustizamt aber ergiebt sich daraus die Aufgabe, die Gefängnißverwaltungen der deutschen Einzelstaaten zu gleichmäßigen Erhebungen zu veranlassen, um den Umfang und die Gestaltung des gewerbsmäßigen Verbrecherthums im Deutschen Reiche festzustellen.

Es genügt mir an diesem Orte, auf die Zweckmäßigkeit und Nothwendigkeit einer solchen Ergänzung an der Hand einer besonderen Frage hingewiesen zu haben. Die Verallgemeinerung meiner Forderung ergiebt sich von selbst.

Neben die systematische Massenbeobachtung, also die Statistik, muß die systematische Einzelbeobachtung treten. Nur diese vermag uns über die individuelle Gestaltung der verbrecherischen Laufbahn, über Ursache und Zeitpunkt des socialen Schiffbruchs, über die grundlegende Unterscheidung von akuter und chronischer Kriminalität sowie endlich über die Sonderstellung aufzuklären, die innerhalb der chronischen Kriminalität dem gewerbsmäßigen Verbrechen zukommt. Diese Einzelbeobachtungen anzustellen, wäre eine der lohnendsten Aufgaben der Gefängnißverwaltung.

IV. Hinter den Leistungen unserer Reichskriminalstatistik ist die deutsche Wissenschaft weit zurückgeblieben. Den vielfachen Anregungen, die ihr von jener Seite gegeben worden sind, hat sie keine Folge geleistet. Die wissenschaftliche Klarlegung der Faktoren, durch welche die eigenartige und wahrhaftig wenig erfreuliche Entwicklung der Kriminalität im Deutschen Reiche bestimmt wird, ist noch gar nicht begonnen worden. Einzelne Ausnahmen bestätigen die Regel. Die führenden Meister der klassischen kriminalistischen Schule haben für die Erforschung dieser Faktoren so gut wie gar nichts gethan. Was in dieser Richtung geleistet worden ist, geschah außerhalb des Bannkreises unserer juristischen Fakultäten.

Ich erhebe, indem ich das hier betone, keinen Vorwurf; ich stelle lediglich eine unbestreitbare Thatsache fest. Und die Erklärung für diese Thatsache liegt nahe genug. Solange man die Ursache des Verbrechens in der Schlechtigkeit des Verbrechers erblickte und von dessen „freiem Willen" erwartete, daß er durch einen plötzlichen, aller kausalen Bedingtheit entrückten Entschluß die Schlechtigkeit in ihr Gegentheil verwandle: so lange konnte die Aetiologie über eine naive Behandlung der „Motive" zum Verbrechen nicht hinauskommen. Aber auch die italienischen Kriminalanthropologen haben uns wenig über den Standpunkt der klassischen Schule hinausgebracht. Denn auch die Zurückführung des Verbrechens auf die „natürliche Anlage" des Verbrechers ist nichts als eine vorsichtige, zugleich aber kurzsichtige Vermeidung der wissenschaftlichen Fragestellung. Nur daß Lombroso an die Stelle des blinden Optimismus, der seine klassizistischen Gegner kennzeichnet, die Hoffnungslosigkeit eines rein materialistischen Pessimismus setzte. Wenn der Lustmörder nur in der Tödtung des Opfers geschlechtliche Befriedigung zu finden vermag, so ist es kindliche Thorheit, zu erwarten, daß etwa durch geistlichen Zuspruch oder gutes Beispiel die sexuelle Perversion verscheucht werden könne. Aber als greisenhaftes Unvermögen muthet uns das Achselzucken des Psychiaters an: „Der Mann ist nun einmal nicht anders". Wir wollen doch wissen, warum er so ist, und warum so viele Andere sind wie er; wir wollen wissen, warum solche Fälle, die früher ab und zu einmal sich ereignet haben, heute eine stehende Rubrik in unseren Tageszeitungen bilden; wir wollen wissen, warum — ich denke an einen in diesen Tagen abgeurtheilten Fall — das beginnende Jahrhundert dreizehnjährige Lustmörder zeitigt. Und wenn wir auf den Alkoholismus des Vaters und die Syphilis der Mutter verwiesen werden, so ist uns auch das kein Trost, sondern wir fragen weiter: warum denn in unseren Tagen die Fälle von Entartung auf erblicher Grundlage sich so erschreckend mehren?

Das Problem der Kriminalität deckt sich — nicht ganz, aber zum weitaus größten Theil — mit der Frage nach den gesellschaftlichen Faktoren des Verbrechens. Ich habe diese meine oft genug vertretene Ansicht hier nicht zu begründen oder auszuführen. Aber das will ich hier betonen, daß wir über diesen Einfluß der gesellschaftlichen Faktoren auch heute noch gar nichts wissen, was über platte Redensarten hinausginge.

Gewiß: die „wirthschaftlichen Verhältnisse" spielen eine große, wohl die entscheidende Rolle. Aber welche wirthschaftlichen Verhältnisse? Das Deutsche Reich hat eine lange, wenn auch nicht ununterbrochene Periode eines beispiellos glänzenden wirthschaftlichen Aufschwunges erlebt, und gleichzeitig damit eine erschreckende Zunahme der Kriminalität. Wie hängt das zusammen? Die Lebenshaltung unserer arbeitenden Klassen hat sich unstreitig gehoben; sollte diese erfreuliche Thatsache in ursächlichem Zusammenhang mit dem Wachsthum der Roheitsverbrechen stehen? Wer sollte es wagen, das zu behaupten; wer es unternehmen, das zu beweisen! Die Wissenschaft bleibt die Antwort auf unsre Fragen schuldig. Und die Herren Elster, Lexis, Conrad und Löning, die Herausgeber des vielbändigen und vielseitigen Handwörterbuchs der Staatswissenschaften, scheinen von der Existenz des Problems selbst nicht einmal eine Ahnung zu haben. Oder vermag etwa die Wissenschaft uns darüber sichere Auskunft zu geben, welchen Einfluß die Getreidepreise, also auch die Lebensmittelzölle, auf die Gestaltung der Kriminalität ausüben?

Ich betone noch einmal: wir haben verschiedene kleinere Versuche, der Lösung des Problems näher zu kommen. Aber das interessirt mich hier gar nicht. Mir kommt es auf ein andres an: Es fehlt uns die wissenschaftliche Methode, mit der wir die Antwort auf die aufgeworfene Frage suchen und finden könnten. Und der erste Fehler unserer bisherigen Methode liegt darin, daß wir über das Rechnen mit den großen Durchschnittszahlen nicht hinausgekommen sind.

Wollen wir heute z. B. den Einfluß der Getreidepreise auf die Kriminalität untersuchen, so stellen wir in die eine Reihe den Jahresdurchschnitt der Getreidepreise für eine bestimmte Periode von Jahren, in die andre die entsprechenden Kriminalitätsziffern für das Deutsche Reich. Wollen wir ganz vorsichtig zu Werke gehen, so lösen wir die Ziffer der Gesammtkriminalität auf in die Durchschnitte für die vier großen Deliktsgruppen oder gar für die einzelnen Deliktsarten. Immer aber arbeiten wir mit dem Reichsdurchschnitt oder doch mit dem Durchschnitt für Preußen und die übrigen deutschen Einzelstaaten.

Und darin liegt der schwere methodische Fehler. Denn dieser Durchschnitt hat gar keinen realen Werth. Er setzt sich aus Tausenden von Einzelziffern zusammen, die aus ganz verschieden gearteten Gebietstheilen des Reichs genommen sind und daher in einem weiten Spielraum sich bewegen. Man denke etwa an den agrarischen Osten und den industriellen Westen. Welchen wissenschaftlichen Werth kann eine Untersuchung beanspruchen, die von der Annahme ausgeht, daß eine Aenderung der Getreidepreise hier denselben Einfluß ausübt, wie dort? Und der begangene Fehler wird um so größer, je weiter wir in der Unterscheidung nach Gruppen, Gattungen, Arten fortschreiten.

Dazu tritt ein Zweites. Bei jeder solchen Untersuchung isoliren wir einen einzelnen Faktor. Und doch ist die Gestaltung der Kriminalität durch eine ganze Reihe von Faktoren bestimmt, deren Einflüsse sich verbinden, sich steigern, sich durchkreuzen, sich hemmen, vielleicht sich aufheben. Angenommen, daß durch eine Erhöhung der Lebensmittelpreise die Lebenshaltung der arbeitenden Klassen herabgedrückt und dadurch die Tendenz zu krimineller Bethätigung verstärkt wird: kann nicht diese Wirkung ausgeglichen, ja geradezu in ihr Gegentheil verkehrt werden, wenn gleichzeitig durch einen Aufschwung der Industrie die Arbeitsgelegenheit vermehrt und der Arbeitslohn gesteigert wird?

Ist das Gesagte richtig — und ich kann mir nicht denken, daß die Berechtigung dieser Kritik bestritten werden könnte —, so ist damit zugleich auch der Weg gewiesen, auf dem die Wissenschaft zu brauchbaren Ergebnissen gelangen kann. Wir müssen für möglichst kleine, örtlich abgegrenzte Gebiete die sämmtlichen Faktoren untersuchen, die auf die Gestaltung der Kriminalität bestimmenden Einfluß ausüben.

Diese kleinen Gebiete sind uns gegeben in den preußischen Kreisen und den entsprechenden Bezirken der übrigen

Gliedstaaten des Deutschen Reichs. Die Erläuterungen zu dem Tabellenwerk für das Jahr 1899 enthalten für diese Gebiete die Durchschnittsziffern aus den Jahren 1893 bis 1897. Für frühere Perioden finden wir sie in den älteren Jahrgängen der Reichskriminalstatistik. Hier hat die wissenschaftliche Einzelforschung einzusetzen.

Aber auch hier muß die Arbeitsmethode erst gewonnen werden. Am besten werden zunächst einzelne Gebiete herausgegriffen, die durch irgend welche Eigenthümlichkeiten, etwa in Beziehung auf die Weiberkriminalität oder auf die Körperverletzungen u. s. w., von den benachbarten Gebieten günstig oder ungünstig sich abheben; oder aber es werden mehrere benachbarte Gebiete mit verschiedenartiger Kriminalität zum Gegenstande derselben Untersuchung gemacht.

Die Nachforschungen müssen unbedingt an Ort und Stelle selbst angestellt werden; am besten durch Jemanden, der das Gebiet aus eigener Erfahrung kennt und ausgebreitete persönliche Beziehungen besitzt oder anzuknüpfen versteht. Amtsrichter und Landrath, Fabrikbesitzer und Arbeiter, Pastoren und Lehrer müssen um Auskünfte, um Zahlen, um Meinungen und Rathschläge angegangen werden. Es muß doch auf diesem Wege z. B. festgestellt werden können, auf welche Umstände die auffallend starke Kriminalität der Weiber in Mannheim zurückzuführen ist. Faktoren, die in der Reichskriminalstatistik keinen Ausdruck finden, wie etwa die Eigenart oder die Zusammensetzung der Bevölkerung, werden dann zu Tage treten. Die einzelnen Einflüsse werden gesondert wie in ihrem Zusammenwirken erkennbar werden.

Die ersten derartigen Untersuchungen, für welche es an Vorbildern ja nicht völlig mangelt, werden nothwendig unsicher und tastend, unvollständig, vielleicht fehlerhaft sein.

Aber mit jeder neuen Untersuchung wird die Methode an Sicherheit gewinnen. Es wird allmählich möglich werden, ein systematisches Schema der Faktoren aufzustellen, auf welche jede einzelne Untersuchung sich zu erstrecken hat. Mit diesem Schema ist die anzustrebende Methode im Wesentlichen festgestellt.

Seit einer Reihe von Jahren bemühe ich mich, meine jungen Freunde für solche Arbeiten zu gewinnen; bis in die jüngste Zeit hinein vergebens. Und das läßt sich ja auch verstehen. Denn mag eine solche Arbeit auch ungleich höheren wissenschaftlichen Werth besitzen, als die landläufigen Dissertationen über längst erschöpfte dogmatische Fragen: es wird heute doch recht schwer halten, auf sie hin den juristischen Doktor zu machen. Und der Zopf einer eingebildeten Gelehrsamkeit wird nicht von heut auf morgen fallen.

Trotzdem bin ich in der Lage, demnächst eine Untersuchung über die Kriminalität in Meiningen veröffentlichen zu können, die nach dieser Methode angestellt ist. Sie hat alle die Schwächen eines ersten und noch dazu die eines recht flüchtigen Versuches. Aber sie zeigt, was ich meine. Und andere Untersuchungen werden hoffentlich in Kürze folgen.

Dann erst aber, wenn über die gesellschaftlichen Faktoren der Kriminalität volle Klarheit gewonnen ist, wird der Streit über das Verhältniß der Strafe zu den Vorbeugungsmitteln überhaupt, zu den ins Strafgesetzbuch aufzunehmenden Sicherungsmaßregeln insbesondere, entschieden werden können. Dann wird es wohl auch nicht mehr möglich sein, daß man z. B. aus der erschreckend schweren Kriminalität der zwischen zwölf und vierzehn Jahre alten Jugendlichen Gründe gegen die Heraufsetzung der Strafmündigkeitsgrenzen ableiten zu dürfen vermeint.

Gewinnung einer wissenschaftlichen Aetiologie der Kriminalität durch einheitliche Heranziehung der Gefängnißstatistik einerseits, durch monographische Behandlung einer Reihe von kleinen Bezirken anderseits: das wäre die eine der beiden Vorarbeiten zu dem künftigen Strafgesetzentwurf, die außerhalb des deutschen Juristentages unternommen werden müssen.

II. Die rechtsvergleichende Grundlage des Entwurfs.

1. Ueber meine Auffassung des Begriffs und der Aufgabe der Rechtsvergleichung habe ich mich in der „Einführung" zu dem 1. Bande unsrer „Strafgesetzgebung der Gegenwart" ausgesprochen. Ich halte auch heute an der damals vorgetragenen Ansicht fest. Nicht die Nebeneinanderstellung mehrerer Rechte ist Rechtsvergleichung. Auch nicht ihre Vergleichung schlechthin, d. h. die Hervorhebung des Gemeinsamen und des Verschiedenen. Sondern ihre Vergleichung im Hinblick auf ein Neues, Selbständiges, auf ein erst zu findendes, das von den einzelnen verglichenen Rechten grundsätzlich verschieden ist. Dieses Neue kann entweder gegeben sein in den aus der Geschichte erkennbaren Entwicklungsgesetzen des überlieferten Rechts oder aber, was hier allein in Frage kommt, in dem durch bewußte Neuschöpfung zu bildenden künftigen Recht.

„Die Gewinnung einheitlicher Grundgedanken für eine den Forderungen der Kriminalpolitik Rechnung tragende Strafgesetzgebung der Zukunft": das war die große Aufgabe, die sich das von der Internationalen Kriminalistischen Vereinigung begonnene Unternehmen gestellt hatte. Die Aufgabe, die ich hier im Auge habe, beschränkt sich auf die Gewinnung der Grundlagen für die deutsche Strafgesetzgebung der Zukunft. Aber die Methode der Lösung bleibt dieselbe.

II. Sollte es wirklich nothwendig sein, die Wichtigkeit rechtsvergleichender Untersuchungen als einer der Grundlagen für den Aufbau unseres Entwurfs näher zu begründen? Wer der Einwände sich erinnert, die gegen die von uns gemachten Vorschläge seiner Zeit von ernst zu nehmenden Juristen erhoben worden sind; wer die Schlagworte sich ins Gedächtniß zurückruft, mit denen vor etwa zehn Jahren gegen die „Vertreter ausländischer Rechtsgedanken" nicht ohne Erfolg Stimmung zu machen versucht wurde; wer die engherzige Beschränktheit nicht vergessen hat, mit der man das „deutsche" Rechtsbewußtsein wachrief, um die Herrschaft des französischen Rechts im deutschen Reich zu vertheidigen — der wird den Muth nicht finden, die aufgeworfene Frage schlankweg zu verneinen. Aber vielleicht darf ich mich doch auf die Hervorhebung zweier Gesichtspunkte beschränken, um die Forderung nach einer rechtsvergleichenden Grundlage für unsern Strafgesetzentwurf zu begründen.

1. Einmal handelt es sich um die legislative Technik. Wie sehr uns diese auf strafrechtlichem Gebiet abhanden gekommen ist, lehrt nicht nur ein Blick in unser Strafgesetzbuch, sondern vor Allem auch die oberflächlichste Betrachtung aller seither erlassenen Strafdrohungen. Eines Beweises für diese notorische Thatsache bedarf es wohl nicht. Ich kann abwarten, ob sie bestritten werden wird. Die Technik also müssen wir uns erst wieder aneignen. Und dabei werden wir sehr viel von allen andern Völkern lernen können; am meisten aber von denen, die unser Strafgesetzbuch kannten und seine Fehler zu vermeiden sich bemüht haben.

Das gilt für den besonderen, wie für den allgemeinen Theil des Strafgesetzbuchs.

Wollen wir die Verbrechensthatbestände des besonderen Theils befriedigend aufbauen, so müssen wir zunächst über die Rechtsgüter uns klar sein, die wir durch unsre Strafdrohungen schützen wollen. Die Systematik der strafrechtlich zu schützenden Rechtsgüter, in der ein jedes genau bestimmt und an den richtigen Platz gestellt ist: das ist und bleibt die erste Voraussetzung für ein praktisch brauchbares Strafgesetzbuch. Man hat nur an die verworrenen Bestimmungen über den Bankbruch, an die zerfahrene Kasuistik der Untreue, an die legislative Mißgeburt des Zuhälterparagraphen zu denken, um sich klar zu machen, was ich meine. Daran schließt sich aber als zweites die Klarheit über die Beschaffenheit der gegen jene Rechtsgüter gerichteten Angriffe, die durch die Strafdrohung hintangehalten werden sollen. Rechtsgut einerseits, Angriffshandlung anderseits: das sind die beiden Theile eines jeden Verbrechensbegriffs. Sind sie beide klar erfaßt, dann baut sich der Begriff leicht und übersichtlich auf. Tötung, Sachbeschädigung, Aneignung, Betrug, Notzucht u. s. w. sind Beispiele solch' klarer und einfacher Begriffe.

Daß nach beiden Richtungen hin die wissenschaftliche Durchforschung ausländischer Gesetzgebungen reiche Ausbeute bietet, wird nur der bestreiten können, der sie niemals daraufhin durchgesehen hat.

Das Gesagte gilt aber auch für den allgemeinen Theil. Auch hier ist die Aufstellung klarer und einfacher Begriffe unerläßlich, soll das Gesetzbuch in der Praxis sich bewähren. Und auch hier werden wir reiche Belehrung in rechtsvergleichenden Untersuchungen finden. Man nehme z. B. an, daß eine Bestimmung über die Strafbarkeit des untauglichen Versuchs in das Gesetzbuch aufgenommen werden soll. Auch der beschränkteste Verächter des außerdeutschen Rechts wird hier keine Bedenken tragen, ausländische Vorbilder zu Rate zu ziehen.

2. Aber viel wichtiger als diese technische Förderung ist ein anderer Gewinn, den wir aus streng wissenschaftlicher Rechtsvergleichung ziehen können. Wir werden annehmen dürfen, daß die Entwicklung des gesellschaftlichen Lebens bei den verschiedenen Kulturvölkern derselben Entwicklungstendenz folgt. Diese gesetzmäßige Entwicklung des gesellschaftlichen Lebens, in erster Linie der wirthschaftlichen Produktion und des Güteraustausches, muß sich aber wiederspiegeln in der Gestaltung des Rechts überhaupt und des Strafrechts insbesondere, das ja für solche Wandlungen ganz besonders empfindlich ist. Es muß daher möglich sein, in den Rechtssystemen der heutigen Kulturvölker diese einheitliche Entwicklungstendenz festzustellen und zugleich zu zeigen, zu welchen legislativen Bildungen auf strafrechtlichem Gebiete diese Tendenz geführt hat oder zu führen im Begriffe steht.

Ein oder das andere Beispiel mag klar machen, was ich meine.

Wohin der kapitalistische Großbetrieb mit seiner Maschinentechnik dringt, hat er die Entstehung eines industriellen Proletariats zur Folge. Darin besteht die „soziale Frage" im landläufigen Sinne des Wortes. Wie stellt sich nun die Strafgesetzgebung der werdenden oder gewordenen Industriestaaten zu dieser universellen Erscheinung? Arbeitet sie mit Umsturz- und Zuchthausvorlagen, um den Unternehmer zu schützen und den emporstrebenden Arbeiterstand gewaltsam auf einer niedrigeren Stufe der Lebensführung festzuhalten oder sucht sie den wirthschaftlich Schwachen gegen Ausbeutung sicher zu stellen? Schützt sie das Koalitionsrecht der Arbeiter oder bestraft sie die Streikposten? Und an diese großen Fragen schließt sich eine ganze Reihe von kleineren: der unlautere Wettbewerb, die Entziehung fremder elektrischer Arbeit, die Kartelle und Trusts, der Mißbrauch all unserer modernsten Entdeckungen, Erfindungen, Produktionsformen u. s. w. — sind das nicht Erscheinungen, die in allen Kulturländern wiederkehren?

Ich denke dabei aber auch an die Entwicklung, die sich in unserem geistigen Leben vollzieht. Auch sie folgt bestimmten Entwicklungsgesetzen; auch sie bewegt sich trotz nationaler Verschiedenheiten im Großen und Ganzen nach derselben Richtung. Auch hier also wird eine einheitliche Entwicklungstendenz sich feststellen lassen. Das wird von ausschlaggebender Bedeutung werden in dem Augenblick, in dem der Abschluß des Kompromisses zwischen den Anhängern der klassischen und der neuen Richtung in Frage kommt. Sollte in andern Ländern, die mit uns auf derselben Kulturstufe stehen, der alte Vergeltungsgedanke seine Wiedergeburt feiern, sollte das Rechtsbewußtsein anderer Völker noch Sühne für jede Missethat verlangen und die dem Erstlingsverbrecher gewährte Verzeihung als eine unfaßbare Versündigung an den ethischen Grundgedanken alles Rechtes empfinden: dann werden wir Gegner der Vergeltungsstrafe im Deutschen Reich uns bescheiden müssen, weiter zu warten, bis unsere Zeit gekommen sein wird — wenn sie überhaupt kommt. Läßt sich aber nachweisen, daß der mosaische Talionsgedanke auch in seinen christlich abgeblaßten Formen im Schwinden begriffen ist, daß die Gedanken der Besserung des Schwachen und der Sicherung der Gesellschaft überall gegen die Idee der Sühne in siegreichem Vordringen sich befinden, daß das Staatswohl immer bestimmter über die Freiheit des Verbrechers gestellt wird — dann ist auch für das Deutsche Reich die Berechtigung unserer Forderungen außer Zweifel gestellt. Denn nicht darauf kann es ankommen, wie weit die zünftige Wissenschaft der deutschen Juristenfakultäten vorgeschritten ist; und auch der deutsche Juristentag wird für sich nicht die Autorität eines in letzter Linie entscheidenden Areopags in Anspruch nehmen können. Einer klar erkannten legislativen Entwicklungstendenz gegenüber ist vielmehr ohne Weiteres zunächst die Theilung der Parteien gegeben und die Parteirolle bestimmt. Die eine der beiden Parteien wird bemüht sein, die Entwicklung zu fördern; die andere wird alle Kräfte einsetzen, sie zu hemmen. Beide Parteien sind gleich berechtigt; denn beide vertreten geistige Mächte. Das neue Gesetz aber wird von den neuen Ideen erfüllt sein müssen, soll es nicht im Augenblicke der Geburt bereits greisenhafte Züge tragen. Bei dem Kompromiß kann es sich mithin nur um das Tempo der Entwicklung, niemals aber um ihre Richtung handeln.

III. Aus dem Gesagten ergiebt sich aber auch der Umfang des zur Vergleichung heranzuziehenden Rechtsstoffes.

1. Es handelt sich um die Entwicklung, die das materielle und geistige Leben der Kulturvölker seit dem Inslebentreten des Reichsstrafsgesetzbuchs genommen hat. Die Zeit vor 1870 kommt nur insoweit in Betracht, als sie die Keime für spätere Gestaltungen in sich birgt. Rechtsgebiete, die außerhalb der Kulturgemeinschaft liegen, wie das türkische, persische, chinesische u. s. w. Recht, haben grundsätzlich unberücksichtigt zu bleiben. Aber das Gebiet der Kulturgemeinschaft

muß vollständig ins Auge gefaßt werden. Es wird sich sofort zeigen, daß die jüngsten Großmächte, die Vereinigten Staaten und Japan, uns viel mehr zu bieten haben, als das in der Strafgesetzgebung völlig stagnirende Frankreich. Und gerade auch die kleinen und kleinsten Staatsgebilde verdienen sorgfältigste Beachtung: in den tastenden, unruhigen Gesetzen und Entwürfen Mittel- und Südamerikas spiegelt sich der Widerstreit alter und neuer Gedanken ungleich deutlicher wieder, als etwa in der Strafgesetzgebung Italiens. Nur darum also kann es sich handeln, die Grenze der Kulturgemeinschaft abzustecken; was innerhalb dieser Grenze seit 1870 gearbeitet worden ist, muß ausnahmslos berücksichtigt werden.

Und dabei versteht es sich ganz von selbst, daß gerade die in den Gesetzentwürfen niedergelegten legislativen Gedanken besondere Beachtung verlangen. Nicht nur wegen ihres Inhalts; sondern vor Allem wegen des Maßes ihrer Kraft, sich durchzusetzen. Es liegt nicht nur an der politischen Zerfahrenheit, wenn die österreichischen Entwürfe werthvolles Material geblieben sind; die Ursache ist vielmehr darin zu suchen, daß den österreichischen Gesetzgebern die Kraft einer klaren Ueberzeugung fehlte. Es ist kein Zufall, daß der vorsichtig vermittelnde Schweizer Entwurf ins stille Fahrwasser gerathen ist, während der norwegische, trotz des Todes seines unbeirrt die eigene Bahn verfolgenden Verfassers, Gesetzeskraft erlangt hat. Wer die Schicksale der Strafgesetzreform in Frankreich und in Rußland vergleicht, wird sich gar bald übezeugen, daß man kein neues Gesetzbuch zu stande bringt, wenn man den neuen Ideen den Zutritt verschließt. Gerade aus der wissenschaftlichen Durchforschung der Entwürfe und aus der Betrachtung ihres Schicksals werden wir

Kraft und Muth zu einer dem geänderten Rechtsbewußtsein entsprechenden Neuschöpfung gewinnen.

2. Aber nicht nur um Gesetze und Gesetzentwürfe handelt es sich. Den Gegenstand der Rechtsvergleichung muß vielmehr die gesammte Rechtsentwicklung der Kulturstaaten seit 1870 bilden. Diese aber wird mitbestimmt durch Wissenschaft und Rechtsprechung. Wer diese nicht kennt und zu verarbeiten vermag, bleibt Dilettant auf dem schwierigen Gebiete der Rechtsvergleichung. Das muß mit unzweideutiger Klarheit und mit rücksichtsloser Entschiedenheit ausgesprochen werden.

Man denke etwa daran, ein Ausländer wolle Auskunft über die Behandlung des untauglichen Versuchs nach deutschem Recht. Was kann ihm § 43 unseres R.St.G.B. sagen? etwa, daß, „was nicht zu Ende geführt, auch nicht begonnen werden kann"? Wenn der ausländische Jurist die Rechtsprechung unsres Reichsgerichts nicht kennt oder nicht weiß, daß die deutsche Wissenschaft und mit ihr die Praxis der deutschen Gerichte dem Reichsgericht die Gefolgschaft versagt, so wird seine Darstellung des deutschen Rechts wissenschaftlich werthlos, ja sie wird nothwendig inhaltlich falsch sein. Und so in allen Fragen des allgemeinen Teils. Die Behandlung der Unterlassungsdelikte, die Abgrenzung von Mitthäterschaft und Beihilfe, die Auffassung der Idealkonkurrenz oder des fortgesetzten Verbrechens — aus dem Gesetz allein läßt sich das nicht entnehmen. Und in Beziehung auf den besonderen Theil ist es genau ebenso. Ob die Elektrizität eine „Sache", ob der Zweikampf nach französischem Recht strafbar ist, ob die deutschen Landesrechte den Konkubinat unter Strafe stellen dürfen — und hunderte von anderen Fragen können nur aus der Berücksichtigung der Wissenschaft und der Rechtsprechung Beantwortung finden. Eine Rechtsvergleichung, die nur auf der Gesetzgebung sich aufbaut, kann auf wissenschaftlichen Werth keinen Anspruch machen.

IV. Aber noch eine weitere, wichtige Folgerung ist unabweislich, wenn man sich die Aufgabe rechtsvergleichender Untersuchung im Hinblick auf den auszuarbeitenden Strafgesetzentwurf klar gemacht hat. Sie soll diesem Entwurf als Grundlage dienen. Sie muß daher alles enthalten, was dieser zu behandeln hat. Die rechtsvergleichende Darstellung als Grundlage des Entwurfs muß daher ein vollständiges System des Strafrechts geben, soweit dieses den Gegenstand des Entwurfs bilden soll. Dabei ist es für mich hier gleichgültig, wie weit der Entwurf selbst sich seine Grenzen zieht. Aber innerhalb dieser Grenzen muß die rechtsvergleichende Darstellung erschöpfend sein. Nichts wäre verkehrter als der beliebte Gedanke, etwa nur die „wichtigsten Materien" rechtsvergleichend behandeln zu wollen. Vor einem solchen dilettantischen Gebahren müßte auf das Entschiedenste abgerathen werden.

Für den besonderen Theil dürfte das klar sein. Wollen wir wissen, welche Rechtsgüter andere Rechte unter strafrechtlichen Schutz stellen, so bleibt uns gar nichts anderes übrig, als sie sämmtlich aufzuzählen. Gerade diejenigen Materien, die unser geltendes Recht nicht behandelt, während andere Gesetzgebungen sie eingehend berücksichtigen, werden unsere Aufmerksamkeit besonders in Anspruch nehmen. Wollten wir hier von vornherein eine Auswahl treffen, so würden wir das erst zu gewinnende Ergebniß vorwegnehmen. Es ist ja nicht ausgeschlossen, daß über Singularitäten einzelner Rechte rasch hinweggegangen wird; aber ihren festen Platz im System müssen sie haben.

Aber auch für den allgemeinen Theil läßt sich eine Auswahl nicht treffen. Hier ist alles gleich wichtig. Auch hier also muß eine vollständige Systematik verlangt werden, die naturgemäß durch die Dreitheilung: Gesetz, Verbrechen, Strafe gegeben wird.

Ich möchte aber noch einen weiteren Gesichtspunkt dabei besonders betonen. Den Abschnitten über Verbrechen und Strafe, die in der herkömmlichen Weise gegliedert und ohne Nachtheil für die Sache verschiedenen Bearbeitern zugewiesen werden können, muß unbedingt je eine allgemeine Darstellung des Verbrechensbegriffs und des Begriffs der Strafe vorangeschickt werden. Beide Darstellungen sind von grundlegender Bedeutung.

Bei der Behandlung des Verbrechensbegriffs wäre nach meiner Ansicht insbesondere zu untersuchen, ob und inwieweit in den verschiedenen Rechten die grundlegende Auffassung des Verbrechens als Handlung zur klaren Erfassung gelangt ist; wie die Frage nach dem Kausalzusammenhang, nach der Strafbarkeit der Unterlassung gestellt und gelöst ist; ob Vorsatz und Fahrlässigkeit an den Handlungsbegriff anknüpfen, ob Versuch und Thäterschaft mit dem Unterbegriff der Ausführungshandlung gegeben sind u. s. w. Meine alte Ansicht, daß der Artbegriff der strafbaren Handlung nicht festgestellt werden kann, ehe der Gattungsbegriff der Handlung klargelegt ist, mag ja vielleicht unrichtig sein. Und Diejenigen mögen vielleicht Recht haben, die, mit der Normentheorie, den Begriff des Verbrechens aus dem Begriff des Gesetzes ableiten. Aber Eins ist in jedem Falle sicher: daß ohne Klarheit über den Verbrechensbegriff weder der allgemeine noch der besondere Theil eines Strafgesetzbuchs befriedigend gestaltet werden kann. Und gerade hier kann es der theilweise tief in die ödeste Begriffsjurisprudenz hineingerathenen deutschen Strafrechtswissenschaft nur förderlich sein, wenn sie mit den jugendkräftigeren Arbeiten anderer Völker wieder einmal Fühlung nimmt.

Andere, aber nicht geringere, Bedeutung hat die Feststellung des Strafbegriffes. Man sehe doch einmal zu, wie die Wissenschaft und die Gesetzgebung anderer Staaten diesen Begriff bestimmt haben. Halten sie, soweit sie fortschreiten, an der starren Scheidung von Strafe und Sicherungsmaßregel fest? Weisen sie diese aus dem Strafgesetzbuch heraus? Oder wird vom Strafrichter im Strafverfahren auf Sicherungsmaßregeln erkannt? Der Streit der deutschen Schulen wird an Schärfe wesentlich verlieren, wenn das Problem auf der breiten Grundlage rechtsvergleichender Forschung gestellt und zu lösen unternommen wird.

V. Ich verkenne die Schwierigkeiten keineswegs, welche eine rechtsvergleichende Systematik des gesammten Strafrechts bietet. Die Schwierigkeiten werden nur quantitativ, nicht qualitativ, geringer, wenn man den gesammten Stoff auf einer Reihe von Mitarbeitern vertheilt. Wer die Lehre vom Versuch behandelt, wird es doch nicht vermeiden können, den gesammten Rechtsstoff durchzuarbeiten; er wird auch den ganzen besonderen Theil aller Strafgesetze und Entwürfe kennen und beherrschen müssen, soll seine Darstellung wissenschaftlichen Werth beanspruchen dürfen. Und wer die Religionsdelikte darstellen will, muß in dem Strafensystem wie in dem gesammten allgemeinen Theil sämmtlicher von ihm behandelter Gesetzbücher zu Hause sein, wenn die einzelnen Strafdrohungen richtig gewürdigt werden sollen.

Trotz dieser von uns klar erkannten Schwierigkeiten hat die Internationale kriminalistische Vereinigung in ihrer „Strafgesetzgebung der Gegenwart“ die große Aufgabe in Angriff genommen. Sie rechnete dabei auf die Leistungsfähigkeit und die Opferwilligkeit ihrer Mitglieder. Die beiden ersten Bände, die wir bisher der Oeffentlichkeit übergeben konnten, dürften trotz mancher Mängel und Schwächen den Beweis dafür erbracht haben, daß unsere Hoffnung keine trügerische war. Wenn das Unternehmen ins Stocken gerieth, so lag das an einer äußeren Ursache: die von unserem Verleger geforderte Zahl von Abnehmern des Gesammtwerkes hatte sich nicht gefunden. Seit wenigen Wochen ist auch dieses Hinderniß beseitigt. Dank der werkthätigen Unterstützung der bayerischen Regierung ist heute die Fortführung unseres Unternehmens auch buchhändlerisch gesichert. Es ist eine Ehrenpflicht der J.K.V., das begonnene Werk nunmehr mit aller Kraft zu Ende zu bringen. Und der große Aufschwung, den die Vereinigung inzwischen genommen hat, ihre wachsende Verbreitung und ihr steigender Einfluß in den verschiedenen Ländern sichert uns heute mehr denn je die Erreichung des gesteckten Zieles.

Dieses Ziel war allerdings nicht die Vorbereitung irgend eines nationalen Gesetzbuchs; wir hatten es uns höher gesteckt. Aber nichts steht im Wege, bei der Fortführung in erster Linie die Interessen der deutschen Gesetzgebung in's Auge zu fassen. Ich habe kein Recht, schon heute im Namen meiner Freunde zu sprechen. Aber ich glaube doch sagen zu dürfen, daß eine solche Umgestaltung des Programms den lebhaften Beifall der großen Mehrheit unserer Mitglieder finden dürfte. Wird doch durch die engere Umschreibung der nächsten Aufgabe die Erreichung des letzten Ziels in keiner Weise gefährdet. Dabei muß freilich die wissenschaftliche Grundlage, die wir nach reiflicher Ueberlegung für unser Unternehmen aufgestellt haben, unberührt festgehalten werden, soll nicht dilettantisches Herumtasten an die Stelle eines klaren Arbeitsplanes treten. Wird diese grundsätzliche Forderung erfüllt, dann wird auch die Mitarbeit von Männern, die der Vereinigung nicht angehören, uns herzlich willkommen und der Sache selbst sicher nur förderlich sein.

Während im Schoße des deutschen Juristentages die Auseinandersetzung über die richtunggebenden Grundgedanken des künftigen Entwurfs erfolgt, muß von anderer Seite in kriminalstatistischer und rechtsvergleichender Untersuchung ihm die breite wissenschaftliche Grundlage gesichert werden. Es schadet garnichts, wenn noch Jahre vergehen, ehe mit der Ausarbeitung des Entwurfes selbst begonnen wird. Nicht in ungestüm drängender Hast, wie bei der Herstellung des Friedberg'schen Entwurfs, sondern mit ruhig prüfender Sorgfalt wollen wir an das nationale Werk herantreten. Erst wenn sie reif ist, wollen wir die Frucht vom Baume pflücken.

FSC
www.fsc.org
MIX
Papier | Fördert
gute Waldnutzung
FSC® C083411

Kolibri 360 GmbH
Ferdinand-Jühlke-Straße 7
99095 Erfurt, Deutschland
produktsicherheit@kolibri360.de